arl Krolow
nen Dank
vorüber
Gedichte
kamp

Ver geht, sieht mehr –
ürlichen Augen Gespenster.
s trug sich zu oder jenes.
weither kommt es: Musik.
t, geht ihr nach, geht davon.
ßt sich. Ist schon vergessen.

SV

Karl Krolow

Schönen Dank und vorüber

Gedichte

Suhrkamp Verlag

PT
2621
.R695
S35
1984

Erste Auflage 1984
© Suhrkamp Verlag Frankfurt am Main 1984
Alle Rechte vorbehalten
Druck: MZ-Verlagsdruckerei, Memmingen
Printed in Germany

Schönen Dank und vorüber

Das Jahr

Es heißt, die Vögel
singen sich tot.
Das Frühjahr ist schwierig,
weil der Himmel
dreimal so schön ist.
Man spielt mit dem Leben
und merkt es nicht.
In einer Sommernacht
muß einer doch eine
Geliebte haben,
sagt Kleist in Thun.
Diesen Kleist
hat Robert Walser
im Wandern erfunden.
Das Gras
wächst nicht mehr höher,
und Gott im Sommer
ist rund: ein Lichtball.
Später friert man
zwischen den Schulterblättern,
will's nicht glauben.
Auch diesmal der Laubfall
und das Folgende.
Es ist noch nicht kalt,
aber die Freizeit draußen
wird schmal.
Auch in den dunklen,
frommen Novemberwochen
wird Fußball gespielt.
Du suchst ein Taschentuch

und findest die Seele.
Da stimmt etwas nicht.
Das Jahr ist um,
wie's im Kalender steht.

Jahreszeiten

Jeder Frühling beginnt mit Übertreibungen.
Wie atemlos, dieses Rascheln. Ein Farbstift
wird unruhig, und ein Staatsstreich kommt
aus der Luft, die Marseillaise der Vögel –

ein unwiderstehlicher Text. Über Nacht
kennt ihn jeder. Früher seufzte man,
man hatte mehr Zeit. Heute
ist alles rasch und endgültig grün.

Danach das ruhige Rauschen: der Sommer.
Vorbei die vertauschte Prinzessin, der bittere Faulbaum.
Das alles wurde bedichtet. Doch nun
schützt sich ein jeder, so gut er kann,
vor dem Durst. Und der Traklsche Herbst fängt an.

Eine kleine Spanne Zeit

Ein Lärm wie von einer Menge Nachtigallen
aus einer blühenden Hecke. Ich hatte Angst.
Ich hörte Geräusche aus einem andern Jahrhundert.
Kopfüber und radikal lärmte
der sonst so sanfte Hölty, verfolgt von Singvögeln,
während er krank war oder mit Freunden schwärmte,
und der Frühling sein Freund blieb, der ihn wärmte.
Denn es fror ihn, und er war noch zu jung
für die Schwindsucht, die die Nachtigall holte:
»Eine kleine Spanne Zeit
ward uns zugemessen ...«
Die Hecke blühte weiter und weiter.

Veränderung

Der Kirschbaum blühte. Er ist umgehaun.
Das hohe Gras: es fällt im raschen Schnitt.
Betäubender Geruch: er nimmt uns mit
in einen langen Frühling, hoch im Blau'n.

Und Sommer kommt. Man wird hier Häuser baun.
Der Mörtel stäubt. Es stäubt der schwarze Splitt,
den man gestreut. Mit jedem Tritt
Veränderung. Nur Hitze: sie brennt braun

an Mauern, im Gestrüpp. Und wo dein Fuß,
dein Kleid, dein Atem wehte und ein Gruß
dem Blühen in den hellen Gärten galt,

wachsen nun Häuser regellos und schnell.
Und Leute lachen sorglos. Es klingt hell.
Sie reden anders. Wir sind alt.

Da war doch etwas

Da war doch etwas. Versuche,
ihm einen Namen zu geben.
Manches lohnt sich.
Rasier die Rosenbeete:
sie sind zu schön.
Halt dir die Ohren zu.
Die Sirenen singen.
»Ehe wir Menschen waren,
hörten wir Musik.«
Ein Glas Milch in der Hand:
beschreib es. Du findest
nie das richtige Wort
für den Wahn, wenn du
weiblichen Engeln die Flügel
zurückschlägst und ihre
Brüste faßt.
Tu du, was du willst.
Man dreht den Kopf weg,
weil man nicht begreift,
jeder Tod kommt anders.
Die Elektronik fällt aus.
Du bist hilflos.
Du willst nicht mehr leben,
kannst es nicht mehr.

Ich habe es satt

Ich habe
die Aufeinanderfolge der Dinge satt.
Gleichzeitigkeit
bestürzt mich
wie natürliches Glück
oder Dasitzen an einem
langen Tisch ohne Ende,
der sich in der Landschaft verliert,
dort wo Illusion beginnt.
Ich habe es satt,
vom Leben umstanden zu werden.
Es glotzt.
Es reißt mir die Kleider vom Leibe.
Ich habe es satt,
auf diese Weise nackt zu sein,
mit Fleiß und körperlichen Fehlern,
mit Verfall, dem Geruch
von faulenden Galläpfeln.
Ich will allein sein
mit dem Stich in die Vene.
Ich habe es satt,
das Rieseln der Seele
im Rücken zu spüren
und nach ihrer Herkunft
befragt zu werden.
Mach mich mundtot,
bevor ich ein Wort sage.

Reifenspiel

Das Reifenspiel der Kinder
kam aus der Mode. Das Springen
aus dem Fenster dagegen hält sich
als Vorgang. Man spricht nur nicht
so gern über den viel zu langen Sturz,
den Aufschlag dann. Ja, man sieht weg.
Man hört nicht hin. Der freie Fall
ist für die meisten viel zu
erfolglos fürs Weiterleben.
Ehe man ausgetrunken hat,
verschluckt man sich vor Schreck.
Das tut nicht gut. Die Zukunft wurde
einfach zu plötzlich unterbrochen.
Wie schön war früher doch
beim Reifenspiel durch unbenutzte Straßen
das Zusehn. Man spielte
beinahe mit.

Das Haus, das alles enthält

Das Haus, das alles enthält –
Seine Möbel weichen mir aus.
Kein Wind schläft hinter Wänden.
Ich setze den Fuß auf den Boden.
Ich such an verschlossenen Türen
und habe den langen Traum
vom kurzen Weiterleben.
Ich spüre: in meiner Stadt
gehn nun die Lichter an.
Es wird mir niemand beistehn.
Ich halte in diesem Traum
die Hand von jemand, aus Angst,
aus Haß oder Liebe, aus Zufall.
Ich suche, so lange ich kann
nach einem andren Gesicht.
Es brennen die vielen Lichter
jetzt draußen überall.
Glühbirnen aus jenen Jahren,
als Zimmer um Zimmer wuchs
vom Haus, das alles enthält
und nichts von der übrigen Welt.

Leben hängt davon ab

Besser:
du liest Notenschrift
als die Wahrheit über dich,
die doch nirgends zu finden ist.
Es geht darum,
die richtige Marke
auf den Brief zu kleben
und als Absender niemanden
anzugeben
oder Gott und die Welt.
Im Telefon erlosch
die Liebesstimme längst.
Halt dich zurück
mit deinen Siebensachen.
Du mißfällst,
wenn du auffällst.
Es gibt
gefährlichere Krankheiten
als die Grippe,
zum Beispiel:
den Kopf hoch tragen.
Das Ende eines solchen
Romans ist unauffällig
tödlich.

Unbeendete Briefe

Meine unbeendeten Briefe –
ich will lieber über die
mit Ulmen bestandene Brücke
geradeaus gehn
und dich finden.
Vielleicht sagt mir
am Ende des Wegs deine Stimme:
Bleib stehn. Und ich antworte:
Halt mich, hörst du, ich falle.
Ich falle immer schneller
in deine Arme.
Und deine Brust ist warm über mir.
Die ungeschriebenen Worte
kommen.
Doch du verstehst nicht.
Küßt man so?
Ist man wirklich wortlos,
bis der Schrei kommt,
der weithin zu hören ist
oder dieses Ersticken?

Hast du bemerkt?

Du bist redselig.
Ich sehe unser imaginäres Leben
vorüberhuschen: ein Morsealphabet.
Blätterhaufen liegen in ländlichen Rasenwinkeln.
Herbst ist und du bist zungenfertig.

An die Fensterläden klopft eine Neuigkeit.
Sag nichts mehr vom strohgelben Sommer.
Unerbittliche Vögel fliegen,
und mir ist kalt in den Achselhöhlen.

Laß das alles. Komm endlich näher.
Es gibt keine Vertraulichkeit
in den Worten.
Hast du dies bemerkt
und dann das?
Die niedrig jagenden Schwalben sind fort.
Ich habe nur ein Gesicht,
wenn du mich ansiehst.

Nicht wiederholbar

Ein Geheimnis im Haus
oder dieses Geräusch:
man küßt sich. Man hört,
was man nicht hören will.
Ein sinnliches Rascheln.
Das Summen einer Singstimme,
die ein Lied abbricht –
»music for a while«.
Finger verschränken sich ineinander.
Sieh dich nicht um.
Ein elektrischer Funke knistert.
Was geschah, ist lange her.
Die es zuließen,
alterten, starben schließlich.
Das unterbrochene Lied von damals
ist nicht wiederholbar.

Träumerei

Manchmal schwindelt mir
vor strömendem Wasser.
Robert Schumann
würde mich verstehn.
Ich kannte einige, die
darin verschwanden.
Ich bin wasserscheu
und vermeide das Wort
vom nassen Tod.
Ein bißchen Waschzwang
kommt mir zu Hilfe.
Ich kann die Hände
nicht oft genug baden.
Dies genügt.
Schon rauscht es verdächtig.
Die Überschwemmung der Augen
ist ein gelindes Ertrinken.

Finger

Du trägst dein Schicksal
am Ringfinger.
Die christliche Ehe ist
nicht nur ein Sakrament,
das heißt, du bist
für dieses Leben dran.
Der Schwurfinger
fällt nicht mehr ab.
Der Ringfinger
ist feiner gegliedert.
Welcher von den Fünf
an deiner rechten Hand
ist für den Abzug der Pistole
gut?
Auch hier hast du
gar keine Wahl.

Einige Sonderfälle

Wenn jemand um Hilfe ruft
und die Leute stehn bleiben,
wenn in der Wohnung nebenan
laut über dich telefoniert wird
und du nicht vorher
gewarnt wurdest,
wenn in warmen Nächten
die Sprosser alle Nachtigallen besiegen,
wenn man noch Büstenhalter trägt
unter der Bluse,
wenn falsche Zähne
schön zurücklächeln,
wenn Beton schmilzt
wie Dalis Uhren,
wenn zu kurz Geratene
mit langen Werkzeugen
aufwarten,
wenn die Zärtlichkeit
aus dem Spülwasser kommt,
wenn du größenwahnsinnig bist
und ganz leise bleibst,
wenn Eifersucht noch
weibliche Haustiere verdächtigt,
wenn der Fall einer Rasierklinge
nichts als Luft zerschneidet,
wenn ich mir vorstelle,
daß alles weiterginge
mit WENN, ohne ABER.

Erfundene Landschaft

Ich mag das: ein Meßtischblatt
auf den Knien.
Alles andere bleibt meine Erfindung:
der Tag mit angestrichenem Morgenrot,
gutes Wetter, das schmeckt
nach Bonbon,
die Jahreszeit, privat wie
Laub im Wind, das um die
Füße tanzt.
Laß dir Zeit, denk ich,
falte das Blatt.
Die Phantasie gewinnt,
wenn Landkarten schwinden.
Flüsse schäumen weiter
mit Chemie,
und eine Landschaft ist
kein Liebesfilm.
Ob Schatten einsam sind,
frag ich mich niemals.
Raschelnd im Dunkel
treff ich auf mich selber.
Im Licht ist andres gut.
Ich fühle sterblich,
und ein Singsang
genügt manchmal zum Glück,
wenn wieder Grün
zum Vorschein kommt
auf einer Leinwand.

Künstler

Er schneidet sich kein Ohr ab,
nagelt es nicht an die Wand.
Ein Eimer schwarzen Tees
macht ihn durstig nach
einfacher Schreibweise.
Es genügt,
daß eine Mücke in ihr Unglück
summt: das Halogenlicht,
das ihm den Handrücken wärmt
und die kleine Prosa
weniger Sätze.
Er weiß: ein unbekannter Meister
kommt mit einem Blutfleck
am Rockärmel aus,
um jeden Mord vorherzusehn.
Eine fixe Idee
fesselt ihn wie alles,
was vergeblich ist.
Seine Besessenheit
war schon immer der Versuch,
sich über Glück
nicht zu täuschen.

Mit zwei Fingern getippt

Ein Kugelblitz wandert
langsam durch mehrere Zimmer.
Tipp mit zwei Fingern
seine Geschichte, unbeschädigt
von der Himmelserscheinung.
Tipp weiter
am vergessenen Liebeslied:
Komm, komm, komm.
Vor deinen Augen zieht der Wind
Furchen durch Baumkronen.
Schreib den Sturm auf und
die Beiden von gestern
mit den langsamen Küssen
von Zeit zu Zeit.
Die Schreibmaschine
kommt zur Sache, Satz um Satz.
Trauer und Schock
nehmen überhand.
Mitten im Datenkrieg
befindet man sich schon.
Der Blitz im Haus
zerschlug schließlich das Bett,
in dem ein neues Datum
gezeugt wurde.

Glaub nicht

Glaub nicht, daß Spaß zum Lachen sei
und junge Leichen anders verkommen
als die berühmten Leichname, die man kennt.
Bei den einen wie den andern
muß man ans offne Fenster gehn.
Die Liebes-Orte haben andere Farbe
und Geruch. Das wechselt.
Blut und Schweiß gibt es
überall, wo gelebt wird.
Erschrocken, mit ihren nackten Füßen,
erheben manche sich auf Zehen
und horchen. Nichts ist los.
Kein Rauschen aus dem Laub, vom Wasserfall.
Die ernste Zeit der ausgesprochnen Nöte
macht zugleich Liebende und Tote.
Sieh dir beide an,
wenn du Gelegenheit hast.
Lust schreit kurz auf,
und jeder Atem steht endlich still.
Es heißt mitunter:
dies sei gottgewollt.

Früher

Es gab die bloßen Finger,
die nach Spinnenbeinen faßten,
früher, früher, als die Nägel
noch nicht brüchig waren,
und ich den Vogel nachahmte,
den niemand mit Namen nannte.
Bleib einen Augenblick stehen!
Du trugst ein ganz bestimmtes Kleid,
eine nickende Nelke
zwischen den Lippen,
früher, als man »Liebe Liebe« sagte.
Du warfst keinen Schatten mehr,
als du untreu wurdest
und die alte Zeit plötzlich
anders tickte.
Andere Pulse.
Sie lief ab ohne Schatten.
Wir hatten Glück,
daß nichts geschah,
als wir darauf warteten,
daß der Blitz uns zerreißt.

Über Biographien

Für eine Biographie ist es gut,
früh zu sterben. Die gestorbenen Dichter
sieht man noch eine Weile als Schwäne.
Sie werden gefüttert. Sie sind nicht aus Kunststoff.

Die hübschen Straßen füllen sich weiterhin mit Leuten.
Keiner denkt an das Ende von etwas. Das ist gut so.
Ein Charakter setzt Staub an, gefühlvoller Vorgang.
Es liegt Schwärmerei in der Luft. Sag mir, wie lebst du?

Keiner merkt meinen Umgang. Ich gebe mir Mühe.
Ich werde verlegen. Ich hab eine Metamorphose
verpaßt und bin zufällig noch da.
Ich lebe ganz gut vom Betrug meiner Sinne.

Ich laß mich nicht füttern. Das Schwanenkleid ist
zu alt, um noch Glauben zu finden
am Rande von Schwanensee, und Tschaikowskij
kam aus der Mode. Die Biographie ist zu lang.

Vexier-Gedicht

PERTINAX – nicht aus dem Comic,
ein römischer Kaiser,
vor oder nach Septimius Severus.
Man denkt an Verschiedenes.
An Gallien
oder an ein Waschmittel,
auch geheimnisvoll anregend wie
Werbung für ein Stimulans.
Vielleicht blühte eine Pflanze
gleichen Namens, die Linné
nicht mehr benennen konnte.
Ahnungen trügen, aber man ahnt
das Besondere.
Ich erinnere mich nicht,
daß in Frankreich jemand
seinen Hund so rief.
Für ein Aphrodisiakum
fehlt es an etwas,
auf das es ankommt.
Ich bin ratlos, schlage im Lexikon nach.
Schlechte Phantasie reicht nicht aus.
Es gab ihn wirklich.
Sieh du nur zu
im richtigen Nachschlagewerk.

Die fremde Hand in der Tasche

Es gibt nun früher Lichter
überall im Dunkel.
Doch ist die Zeit zu kurz, um dich
zu sehen, jenes Weiß im Auge.
Liebe steht als Atem in der Luft
vor einem Mund, geöffnet im Erstaunen.
Deine Hand fühl ich in meiner Tasche.
Warm ist sie, sie wärmt
das zweite Leben.
Es spricht der Mund nun mit sich selber
langsam über Liebe. Spricht er
wirklich so von allem, was doch
ganz und gar unwirklich ist
an jenem Ort mit kleinem Licht
und mit viel Dunkel überall,
das kalt macht und dich hinterrücks
bewirft mit Nebel, Nüssen und Kastanien?
Unwirklich, ja, das letzte Licht
wird von den Spinnen zugenäht.

Auf der Flucht

Pappeln, Böschungen,
dahinter die Loire.
Die obere Donau fließt
nicht so breit, ganz anders
das Licht überhaupt
zwischen Fluß und Fluß.
Man braucht keine Geographie
für Gefühle. Vögel fliegen
die Zweige hinauf. Beobachten
uns. Gefühl ist verwundbar.
Fremde Körper reiben sich
aneinander, unsere Körper.
Jemand küßt
zwischen Nabel und Scham.
Ein Türgriff dreht sich
an einer fremden Tür.
Wir gehn hinein.
Später suchte ich
nach einer Schere,
schnitt Bilder aus von Frauen.
Dein Bild fand ich nicht.
Die Pappeln, die Loire –
darüber ein Hubschrauber.
Er suchte nach mir,
auf der Flucht vor Gefühl,
ein Walzer von Brahms
aus einem offenen Fenster.
Er saß in einem Stuhl,
sah sie an, starrte:
das Leben kam zurück,
unwiderruflich.

Wer geht

Wer geht, sieht manches.
Eine Wolke verschönert den Himmel.
Ein Rauch steht überm Kamin.
Ich ging, war mir selber im Weg.

Mir kommen Geschichten dazwischen
vom menschlichen Widerspruch oder
vom Leiterbesteigen. Das Stürzen
sieht man voraus.

Das geschieht so einfach wie möglich.
Wer geht, sieht es anders.
Der Lebensgenuß rauscht vorbei,
entfernt wie ein Fluß, der versteckt wird
von einer Landschaft.

Manches teilt sich von selbst mit.
So einfach wie möglich und
eines lebt so vom andern
oder einiges hebt sich von selbst auf.
Eine Gegend steht still vor Vergnügen.

Wer geht, sieht mehr –
mit natürlichen Augen Gespenster.
Dies trug sich zu oder jenes.
Von weither kommt es: Musik.
Wer geht, geht ihr nach, geht davon.
Vergißt sich. Ist schon vergessen.

Luft

Ich machte mir Luft auf jede Weise.
Sie blieb so schön unsichtbar.
Keiner sah, wie ich sie streichelte.
Ich lebte so mit ihr. Mir war wohl,
wenn ich dastand,
und in ihr fand, was ich suchte.
Meine Vorliebe galt ihr, weil sie
überall um mich war.
So stand sie mir bei, wenn ich
anders atmete oder Geduld
verlor und ich mit den Armen
sie zu packen versuchte oder zaghaft
in meinem Lebenslauf wurde.

Wie die Phantasie hinreißt!
Gegen Glückliche läßt sich nichts sagen.
Ich habe Glück. Ich spüre,
daß niemand mich stört,
wenn ich weiter nichts tue,
als in die Luft zu schreiben.

Nichtstun

Nichtstun ist schön wie Nichtdenken
unter familieneigenen Bäumen –
eine sonderbare Umnachtung.
Niemand schleicht mir durchs Leben nach.
Niemand ruft mich beim Namen.
Vielleicht bin ich nicht mehr ich selbst.
So liege ich da – schon ein Andrer,
tue niemandem herzlich leid.
Die Bäume wachsen nach oben.
Ihr Blühen tut weh. Es ist kurz.
Treuherzig über ein Kleines
werd ich Vaterhäuser vergessen,
wie ich im Nichtstun vergessen bin.

Manche Länder

Manche Länder sind aus Boden gemacht.
Manche kennt man nur aus Büchern.
Hier geht man bequem durch die Luft.
Dort sitzt man auf Gemüse,
handelt mit Lebensmitteln.
Frankreich kommt mit einem Geruch
aus Frauenkleidern.
England ist grauer Flanell und
ganz frühe Ausbeutung.
Aber in Spanien Tausendundeins
in Mozarts Register-Arie.
In manchen Ländern kommt Gold vor,
nach dem gegraben wird.
Manche Länder kommen mit Hygiene aus.
Ich denke nicht an Amerika.
Einige sind privat wie ein heimlicher Kuß.
Man muß nach ihnen
auf der Landkarte suchen.
Manche Länder brauchen Logik.
Andere duften
nach Kastanien und Walnüssen,
und in vielen sind in schlechten Zeiten
Kinder und Sitten ungezogener
als sonst.
Manche Länder gibt es gar nicht.
Sie sind die Hoffnung
aller anderen Länder.

Jenseits

Bekleidete Leute gehen vorbei, ihr Blut
treibt hochrot ins Gesicht, hypertonisch.
Leben, Geschichte, Blutdruck – ich bin mir nicht sicher,
ob ich letzte Nacht starb oder
längst vorher schon, mehrmals.

Ein gemieteter Mensch, lange tot, spricht mich an.
So ist es im Jenseits. Es gibt keine Fahrkarten mehr
zu üppigen Rosen. Der von Schwalben genähte Himmel
hat nie gestimmt und der homophile
Jüngling mir gegenüber redet auf mich ein
wie ein besonderes Mädchen: Schönen Dank und vorüber.

Es ist diese Schlafsucht, das Totsein,
alles vorbei, wirklich alles
unter dem Augenlid, endlich Befreiung von Sinn
oder Unsinn, innen und außen.
Man reist jetzt nicht mehr durch sein eigenes kleines Land,
das heißt: da ist wirklich nichts mehr im Kopf wie damals,
als ich sie zum erstenmal sah und
schon tot war. Aber ich merkte noch:
Liebe ist ein Mädchen im Sommerkleid
aus einem ungelesenen Roman – wie angenehm, ein Gefühl

Ich brauche nun kein Zimmer mehr für die Arbeit
am Weiterleben, ein schneller Blick zwischen Büsche
unter dem Fenster, in denen schon Nacht ist.
Gründliches Totsein ist schön gefühllos.
Ein Zigarettenende leuchtet – das genügte zum Schluß.

Über Jagd und anderes

Sei ein Jäger, versteh dich
auf die anmutige Eigenschaft des Schießens.
Das Wild kommt von selber
dir vor den Schuß. Da hast du,
was du treffen willst.
Ein bißchen Blut – und das scharfe Getränk dazu –
ganz zum Wohl!

Sei durchschnitts-begabt – die Leistung
verbraucht Kräfte, bleib ein Schüler
der Klasse Soundso, laß nichts ausarten.
Man lebt nicht, wenn man nicht für etwas lebt.
Faulheit ist etwas andres als Phantasie.
Keiner lacht hinter deinem Rücken,
solange du durchhältst.
Ein Rücken hat etwas Lächerliches
nur für die, die es weiter gebracht haben
als du.

Sei ruhig gejagt. Leute, die leiden,
empfinden plötzlich eine Art Glück.
Sie laufen nicht mehr davon – wohin auch?
Sie singen manchmal vor Freude, die Augen voll Tränen.
Sie kommen ins Schußfeld.
Sie taumeln. Sie stürzen: ihr Glück vor Augen:
das nimmt ihren Kopf zwischen die Hände
und küßt.

Krise

Weißt du, als die Zeit rauschte und die Unruhen waren
in meinem Kopf und ich fühlte und fühlte
zwischen den Fingern, was immer nur nachgab,
das wie Haar war und weich, und wie es mir kühlte

die feinere Bildung im Kopf mit seinen Geräuschen?
Weißt du, was war und wie alles verlief?
Wie ich tief unten war und tief unten schlief
des Nachts in der Panik und ohne Licht in den Augen!

Nichts weißt du, denn ich stand auf, trug den Kopf
so hoch wie ich konnte und ging und ging so davon.
Ich suchte das Licht und fand es in einem zu süßen
Augenschein, einem jungen Blitz, mir zu Füßen.

Gleichzeitig

Die indifferenzialen Zahlen,
verschieden, die Wolken am Morgen, am Abend:
das lebt miteinander verwegen
wie ein Krimi, eine etruskische Vase
von Merimée, wie ein unvorhersehbares Bild.

Ein Blutfleck ist ein Rest von reinem Gefühl,
der Sehnsucht macht nach der Mordtat,
nach Verbrechen, begangen aus Traurigkeit
oder Heimweh. Tränen füllen die Augen,

die zusahn, was grausam oder erbaulich
erschien, als Varianten der Trauer
oder was wirkte wie sichtbare Poesie,
wie ein Anzeichen davon, daß Täuschung begann.

Geschichte

Im Mittelalter war der Himmel höher, gotisch.
Geschichte ist doch das, was ständig
vor sich geht. Und geht vorüber. Neu
wird die Zeit, wenn du genauer hinsiehst.
Sie wächst im Körper mit. Die Zellen
verändern langsam sich dem Tode zu.
Die Frauen lächeln durch Jahrhunderte,
schuften geschlechtslos: das geht so fort
die ganze Zeit. Ihr Lächeln ist uns lieber,
der hohe Himmel ohne Tod. Die Gotik
verschwand aus dem Gewebe. Und Geschichte
ist nicht die Fülle Zeit, die vor sich geht
im Körper, wenn die Gegenwart
Myom und Karzinom und anders heißt.

Was ist meinem Kopf zugestoßen?

Was ist meinem Kopf zugestoßen?
Auf dem Kissen liegt Haar: es ist nicht von mir.
Ich frage mich höflich: was soll es bedeuten?
Eine Glühbirne brennt. Ist das Sehnsucht oder schon Panik?
Von der Decke her glüht es direkt auf den Schädel.

Was ist meinem Hund zugestoßen?
Er schläft viel zu lang schon auf seinen Pfoten.
Ich fasse nach ihnen. Sie fühlen sich warm an wie immer.
Keiner jagt ihn. Keiner vermutet Probleme.
Mein Kopf hat Probleme.

Was ist diesem Frieden zugestoßen?
Er macht bange. Man schüttelt die Hand seiner Mörder,
bei voller Identität, von der man nicht weiß,
wessen sie fähig sein wird im Handumdrehn.
Und der Friede nennt sich jetzt Haussegen, schrecklich ist er,

mit langsam brennender Lunte.
Man ist fasziniert, und die Glieder versagen.

Der Morgenstern leuchtet so schön.
Wir glauben ihm nicht mehr.
Was ist denn dem Himmel zugestoßen?
Er ist uns unter die Füße geraten. Er hat die Argumente
verlernt, die wir ihm anboten und die er
bis zum Horizont übernahm.

Das Problem ist: das andere Ende der Lunte
endet im offenen Mund.

Was ist meinem Kopf zugestoßen?
Die Glühbirne brennt und das Feuer schleicht sich heran.
Was ist Sehnsucht? Was Panik?
Mein Hund schläft auf sicheren Pfoten.
Auf dem Kissen das fremde Haar beleuchtet der Morgenstern.

Die Traurigkeit ist eine Geschichte

Das tut nichts. Aus Abtun wird Töten.
Baumfällen, ein Todesfall: schon geschehn.
Ein schöner Satz verbirgt seine Wahrheit,
die keiner kennt, wie Dryaden

aus altertümlichen Bäumen
entflohen, wenn Laub und wenn Leben
am Boden liegen, und der Bagger greift
und begreift nichts. Er reißt

als ein technisches Tier diesen Wald,
wie eine Mauer. Er tut es. Nichts andres.
Die Traurigkeit ist eine Geschichte,
ein Lied, ein Abenteuer des Kehlkopfs.

Jahre um Jahre

Wissen Sie, ich eigne mich
für wenig. Ich will nicht
vertraulich sein, lieber
nicht die richtigen Beispiele
nennen. Schüchtern
steh ich im Frühling rum.
Das Gras kommt wie Haarwuchs.
Jede Jahreszeit imitiert doch
sich selbst. Der Sommer
ist verrückt mit runder Sonne.
Gewitter bleiben aus und
das Apfelmus schon im August
ist so verderblich
wie die nächste Zeit.
Die halbe Nacht bricht an.
Das Kirchenlied erstaunt mich.
Ich singe mit und stocke:
gestern hatte ich
noch keinen Stimmbruch.
Ich lasse mich auf Kälte ein
und friere, so ist Ewigkeit.
Jahre um Jahre.
Um Frauen kümmern Männer sich.
Frauen sind anders. Meine Einfalt
ist nicht aufzuhalten. Hosianna.
Ich bin doch ganz normal bemüht.
Was man mir anvertraut,
damit muß ich doch leben.
Wissen Sie, ich eigne mich
wirklich für wenig.

Verschiedene Fragen

Wenn es zu schneien beginnt:
warum nicht zwanzig Jahre lang?
Und wenn es Blüten treibt:
warum nicht unaufhörlich Duft
für diese minderjährige Schönheit?
Wenn es im Sommerofen heiß ist:
Warum nicht Durst für immer,
unauslöschlicher Brunnen!
Wenn es im Herbst zu laut wird
am Himmel mit den Vogelzügen:
Warum nicht schreien: Ruhe bitte!
Wenn innerhalb und außerhalb
das Jahr abfährt: warum
nicht Fahrkarten am Automaten
lösen? Nichts als hinterher
reisen und Süden, Süden rufen
als ein richtiger Deutscher.
Erneut fällt Schnee. Es ging so rasch.
Warum nicht ein Jahrhundert Weiß?
Warum nur dieser graue Schmutz.

Harmonium

Ich höre Harmoniumspielen.
Mein kalter Körper erwärmt sich
auf der Matratze am Boden.
Ich denke: er könnte schweben.
Er ist doch sonst nicht fromm
und liegt nur ausgestreckt.
Die Zeit wird kommen, wo man
die gleichgültigen Gesichter
nicht wiedererkennt, und gottlos
geht es weiter. Die Groschenhefte
blättern inzwischen die Welt auf.
Rechtschreibfehler merkt keiner.
In der Nacht dann das Klopfen, das Husten,
die Schritte sind spannend, doch wenig
bedeuten sie, wie das Gehen
auf nackten Sohlen zum Lager,
auf dem ich liege und liebe
mich selber. Ich kann es besonders
schön beim Harmoniumspiel.
Und der Körper, die Anatomie
ist gottlos. Dies fehlt mir und jenes;
und anderes hab ich wie andre,
den Schweiß, die Muskeln, das Streichholz,
das ich zwischen den Zähnen kaue.
Das Haar wächst nach.
Narziß ist totgesagt.
Das ist mir gleich. Ich lebe
von langen Blicken auf mich selbst gerichtet
während drei Kriege draußen
– und jeder für sich –

passieren, innen und außen
für immer getrennt bleiben wollen
in der Nacht, wenn Panzer rollen.

Gedicht im alten Ton

»Ich hatte einst ein schönes Vaterland.«
Heine

Ein schönes Vaterland, mit Reinlichkeit
und Wohlstand, Bäume an den Ufern,
mit Knecht und Magd. Die kleiden sich nun anders,
verkleiden sich im Supermarkt.

Das Marketing frohlockt. Du findest
das blaue Auge und die Herzenslust.
Du reisetest, bis du Beton
im Kopfe hattest: Grüß dich, Deutschland!

Wie ein Gelegenheitsstück machst du dich rar,
von Hand zu Hand ein Vaterland
vom Taschenrechner ganz gebannt,
kommst du mir vor, als gäb es dich.

Dein Fleiß ist fleißig im Besitz
von Arbeit noch. Und ein Plakat
zeigt grüne Wiesen: ach, Ade,
du mein lieb Autolein. Ich fahr

dahin mein Straßen angstvoll durch den Frieden.
Mir ist ein schönes Vaterland beschieden.

Etwas, das uns betrifft

Die Vögel singen nicht die Loreley.
Andere Länder sind patriotisch
und stolz. Hier geht nichts mehr.
Verschreckt und laut zugleich –
hier ist nichts selbstverständlich.
Die Sorgfalt geht nie leer aus.
Wohlfahrt macht kalt.
Stimmt alles. Aber die Türkei
beginnt schon um die Ecke
wie Jugoslawien, Sizilien.
Das ist doch nicht in Ordnung? Oder?
Ich hör immer: Ordnung.
Wasch dich: das hilft weiter.
Anderswo ist anderes ähnlich:
Indien in London,
Algier in Paris.
Die Grübelsucht grenzt schon an Depression.
Sonst: das Perfekte! Liebe DMark,
bleibe hart so lang wie möglich. –
Die plötzlichen Zusammenbrüche!
Da stimmt was nicht. Pelikanol
will nicht mehr kleben.
Die AEG macht Geschichte wie die
ewige Deutsche Bank.
Ist das denn alles
noch regierbar? Nur Mut, sag ich:
ein bißchen Basteln am Sozialstaat:
die Lobbies kreischen und es wird gekuscht.
Man denkt nicht mehr des Nachts
an dieses Land. Man spürt es

in den Knochen. Beinah
kommt Mitleid auf.
Es soll doch alles gut gehn
wie in den Fünfzigern.
Lang her. Noch sind die Arbeitsämter
nicht geöffnet, rund um die Uhr.
Es lohnte sich. Das Deutschlandlied
hört man im Radio über einen Sender
zu jeder Mitternacht.
Die geht vorüber
mit der *einen* Strophe:
»Blüh im Glanze dieses Glückes.«

Mit verschränkten Armen

Der auch weiterhin bekannte deutsche Paradeschritt
als gymnastische Übung:
ich sehe mit verschränkten Armen zu.
Da pfeift doch jemand aus dem letzten Loch:
Denken Sie oft an so was Gewöhnliches wie den Tod?
Ich muß mir überlegen,
ob ich in diesem Augenblick lebe.
Lieber verliere ich mich
in die verstreute Prosa
des Lebens im Allgemeinen.
Meine Aufmerksamkeit litt
nach einem Gehörsturz,
der zu anderer Akustik führte.
Gymnastik, Parade
gehören ins dilettantische Melodrama:
etwas für Liebhaber,
die nie aussterben.

Ich schicke den Engel weg

Ich schicke den Engel weg,
weiblichen oder männlichen Vornamens,
und statt mir eine Zigarette anzuzünden
(sie verbrennt mir die Mundschleimhaut),
überlege ich mir, ob es noch
Besonderes gibt: eine Tasche
voll Rausch, die
stehengelassen wurde aus Versehen,
oder aus Versehen den
schlecht passenden Körper
lüften und dabei mißverstanden werden.
Eine unbefangene Katze
steigt ins leere Bett
und wälzt sich. Die Wollust
ist ein Anblick und schon
im Neuen Testament heikel.
Wir sind beim Untergehn,
die Engel sind weggeschickt.
Die Vornamen wechselten,
und der Körper
schweigt.

Artig

Artig bin ich, in meinen gebürsteten Kleidern,
ständig die Schuhe geputzt. Da kommt schon
die nächste Handreichung.
Manche sind Schurken gegen sich selber:
Sünde ist das,
und harmlos unter die Leute zu treten,
ist eine Lust.
Zu nichts Rechtem brauchbar, stelle ich lieber Fragen.
Das hat keine Zukunft, denken sich manche, und arglos
fühle ich, wie ich es zu ganz und gar nichts bringe.
Manche denken: ein Schelm. Das Schätzenswerte
wird leicht verkannt, wie das Daliegen
mit einem gegen den Himmel gewandten Gesicht.
Nichts kann mir aufregend sein im beständig ruhigen Leben,
das Andre, ganz Andre als ich für dumm verkaufen.
Schön: es ist dumm. Das sage ich so. Aber ich lebe dabei.
Ist das nichts? Eine schickliche Gangart.
Ich muß plötzlich lachen. Ich spreche so hübsch
beiseite. Ich wurde gelobt. Für was bloß?
So lebe ich fort und fort.

Nebenan

Nebenan tanzen sie. Küß mich. Ich friere.
Es ist so dunkel, und bei Frauen
in altmodischen Nachthemden
sieht man nur noch die Zehen.

Nebenan sprechen sie laut. Sei leise mit mir.
Das ist der Anfang von Anderem.
Es ist Nacht, und Pflanzen
mit lateinischen Namen duften.

Nebenan schweigt man. Ich habe Angst.
Eine Wasserleitung rauscht nebenan.
Man wäscht sich altmodisch,
bevor man sich liebt.

Nebenan hört man den Schrei.
Er dauert zu lange. Küß mich.
Jemand stirbt nebenan: schön
hört es sich an. Ich will sterben.

Letzte Hand anlegen

an die Schattenlinie
zwischen Vermutung und Gewißheit,
an die Skizze von
Körper und Körper,
an eine Zitronenscheibe und den Süden,
an den Geist der Harmonie,
an die zu Fall gebrachte Unschuld,
die nicht erwiesen war,
an den Mißbrauch von Worten –
Humanismus, rechts, links,
an das Erfurter und das Godesberger
Parteiprogramm,
an den homöopathischen
Radikalen,
an einen gemachten Mann,
an den falschen Augenblick,
an die eingestandenen Fehler,
an alles was recht ist
etcetera

Wagemut

Merke: der schönste Wagemut
ist der am Lebensende.
Du bestellst dir, was du magst:
Romanzen, kleine Phrasen.
Es ist ja nur dein Körper,
den es angeht.
Du zählst zusammen,
rechnest noch mal, wunderst dich.
Lippen öffnen sich zu weit.
Das ist bloß Verführung.
Du lächelst unbesorgt drauflos,
das bessere, das schlechte Los:
kein Glück steht mehr dazwischen.
In einem fort wirst du vergessen.
Du nimmst dich gut so aus.
Rasch sagst du noch:
ich liebe. Und du kamst als Kind
mit Schürze, weißen Söckchen hergelaufen.
Die Namen wiederholen sich.
Einfaches bleibt im Umlauf.
Man wird nicht einmal denken:
Er ist weg. Und: wagte er zu leben?

Sinngedicht

I

Damit ich für immer weiß,
vielleicht bis auf weiteres –
Angst, sie macht kalt und heiß:
sieh, komm, und sieh mich an,
vergib mir und trockne Schweiß,
tu, was man manchmal tun kann,
wenn man nicht weiter weiß:
da ist nichts Heiteres.
Es gibt nichts Bereiteres
als den Tod bis auf weiteres.

Sinngedicht
(Privat)

II

Du läßt das hinter dir –
Abfälle, für welche Welt?
Musik, die langsam tötet.
Ins Schloß fällt die Tür. Es bellt
kein Hund, und es errötet,
wer noch erröten kann.
Fang es anders an –
du läßt etwas hinter dir,
und die Tür, die ins Schloß fiel,
trägt ein Schild: Privat.
Der Name ist längst verwittert.
Niemand fragt dich um Rat,
und du suchst keinen hier.

Sinngedicht
(Mein nächster Irrtum)

III

Mein nächster Irrtum
ist vielleicht eine Tugend.
Ein Gedanke zuviel
verrät noch Jugend.

Eine Antwort zu wenig,
wird nicht vermerkt.
Es gibt nichts Verläßliches,
das den Rücken stärkt.

Wer etwas anstellt,
bekommt Geschichten
von sich zu hören,
die ihn vernichten.

Es bleibt die Tugend,
demnächst zu irren.
Einen Steinwurf weit
hört man Scheiben klirren.

Ein Gedanke zuviel,
ist folgerichtig.
Man kommt zu Schaden.
Nur dies ist wichtig.

Sinngedicht
(Vergnügen)

IV

Vergnügen ist:
junges Laub besehn,
in den Schatten gehn,
der gesetzten Frist
eine Nase drehn:
als geglückte List
sie verstreichen sehn.
Komm, sammle Laub
über dem Staub
von allem Vergehn –
dies mag genügen
als bloßes Vergnügen.

Sinngedicht
(Versuche es)

V

Eine gute Antwort geben:
schon gibt es Lob.
Bleib höflich, und sei es
auch noch so grob.

Versuch eine schlechte
Meinung nachzuschieben:
die kleine Rache
ist dir geblieben.
Bleib bei der Sache,
beobachte gut.
Blas in die Glut
zu schneller Gefühle.
Versuch es und kühle
die plötzliche Wut –
als brauche es Mut!

Sinngedicht
(Identität)

VI

Mit Strumpf und Schuh und Arm und Bein
kommst du mit dir fast überein
als wunderliche Zeitfigur.
Du siehst dir zu und lächelst nur
und bist schon fast nicht mehr allein.
Du gleichst dir langsam, sagst nicht nein
zu dieser Spur Identität.
Du winkst nicht ab, sagst nicht: zu spät,
wenn einer dir zu leben rät.

Angst

Die Angst tritt auf und ab. Dein bessres Teil
ist schon verraten und verkauft.
Die Tanzmaus drehte ständig sich im Kreis,
die ich als Kind im Käfig hielt.

Sie rannte so im Kreis in ihren Tod.
Ich spüre Schwindel und ich sehe zu:
hier stirbt die eine Hand, hier stirbt ein Fuß.
Ist denn der Mensch dies kranke Tier?

Ob Hegel, Heidegger – das Sein zum Tode
oder »die öffentliche Meinung zu zersetzen«:
ich fühle, wie verweslich Atmen ist,
der Tropfen Zeugung, diese dünne Spur.

Lernprozeß

Von langer Hand. Mit bloßem Kopf.
So geht es zu in dieser Welt.
Ich singe und es kommt kein Ton.
Mit Worten wird nichts gut gemacht.

Ein kindlicher Sopran ist schön.
Vereinzelt wird die Erde hübsch.
Zu lang erwachsen bleibt der Mensch.
Ich denke so. Ich denke nichts.

Von ganzem Herzen wünsche ich
ein Windspiel, Herbst und Laub dazu.
Was weiß ich, wie gewissenhaft
die Einzelheit im Bilde ist.

Ein Kleiderstoff, empfindungsvoll
rauscht er vorüber. Fassungslos
begreife ich Zusammenhang
von langer Hand, mit bloßem Kopf
und stütze ihn und denke nach.

Das eigene Wiegenlied

Das eigene Wiegenlied zum eigenen Schlaf,
der ausbleibt oder der mit allen Träumen kommt,
die schlecht sind wie ein Geratewohl.
Die Nacht, zu oft ein bodenloses Loch,
wird unverständlich wie Gehabdichwohl!

Das eigene Wiegenlied ist schon beschädigt,
wenn es beginnt und wenn es keiner hört,
wie's einen Reim lang niemanden betört
als einen, der den Schlaf der Andren kennt.

Das Wiegenlied ›Komm mit‹ und ›Sieh mich an‹,
im Schlaf, der in ein Zittern übergeht,
gebrochne Augen und bei offnem Mund,
in dem Erscheinen und Verschwinden Eines sind.

Krankheit

Ich esse Musik. Ich atme Haut
und verbrauche andere Augen,
wenn sich Blicke in Blicke saugen,
und man sich anvertraut

einem langsamen Verschlingen,
einer Krankheit, dem Um-sich-Greifen
von Gier und Trauer, Bezwingen
von noch ganz anderen Dingen.

Es ist im Kopf ein Sterben
und es gibt eine Melodie,
die tödlich ist und die,
zerbrochen in viele Scherben,
Musik bleibt bei diesem Sterben,
Musik, und ich höre sie.

Gedenken für Clemens Brentano

Auf der wundervollen Straße
werde ich gespenstend gehen.
Hör, es klagt die Flöte wieder,
und ich hör sie in dem Maße,

wie sie einst Brentano hörte.
Ihre wundervolle Nähe,
die mein Fingerspiel betörte,
war das einzge, das mich störte.

Seit die Liebe fortgegangen,
bin ich wie ein Mohrenkind,
mitgegangen, mitgefangen.
Abendrot mit goldnen Wangen
wird zur Nacht und ist schon blind.

Summen, murmeln, flüstern, rieseln.
Hörst du, wie die Brunnen rauschen?
Wie die Quellen auf den Kieseln.
Keiner will mit dir noch tauschen.

Keiner will dein Leiden wissen.
Einsam willst du untergehn.
Mit verändertem Gewissen
ist das anders anzusehn,
doch noch immer hingerissen,
wenn die goldnen Töne wehn.

Freiheit, Weisheit

Freiheit – oder jeder kann anderes
denken und tun
bei der Arbeit oder im Kopfe
ein wenig ruhn.

Weisheit – das ist das Beste.
Du merkst es schon.
Ein Weiser sieht auf die Reste
von Zivilisation.

Gelassen hat er die Antwort
auch auf Gewalt,
die zuschlägt. Er bleibt gemessen.
Es wird dir kalt

bei allen Begriffen. Und fragen
lohnt es sich nicht.
Jeder wird anderes sagen,
heuchelt dir ins Gesicht.

Die sich die Freiheit nehmen:
bequem sind die Unbequemen!

Innen und außen

Weil etwas in mir ist,
was weit von draußen kommt,
weiß ich im voraus schon:
ich werde nicht vermißt.

Indien liegt außerhalb.
Hitze und Armut glühn.
Ich spür das Leichentuch
und diesen Tod-Geruch
und weiß genug,

daß ich verschwunden bin
längst in mir selbst.
Ich wandre ständig aus
quer durch ein leeres Haus.

Wer nach mir sucht
mitten im Zeitvergehn,
braucht mich nur anzusehn.

Bei Tisch und darunter

Gewöhnlich geht es manierlich
und bei Tisch gesittet zu.
Ein Bart, wilhelminisch possierlich,
zwirbelt nach oben, zierlich:
nur unter dem Tisch drückt der Schuh.
Es ändert sich manches im Nu.

Und im Nu macht man unschädlich,
was unter dem Tische bleibt.
Man wird ohne weiteres tätlich,
beweibt oder unbeweibt.
Was in die Enge treibt,
hat man sich einverleibt.
Ganz ohne Sitte entlädt sich,
was man besser nicht beschreibt.

Illusion

Du weißt: Illusion
ist für allerlei gut.
Ein Kaninchen im Hut
zeigt das schon.

Jeder Käfig ist leer
ohne sein Tirili.
Man begreift doch nie:
Wer war hier wer?

Das Schiff unter Glas
kennt sich aus in der Welt.
Wer sich für wirklich hält,
irrt sich in irgendwas.

Nachtwachen

Nachtwachen stehn und warten.
Keiner kommt aus dem Haus.
Das war so schön beleuchtet.
Keiner kommt da heraus.

Die runden Schultern von Frauen
verblassen als Photographie.
Keine von ihnen zeigt sich,
und keiner erwartet sie.

Das Leben ist ernst. Das Entkommen
bei entsichertem Gewehr
ist hoffnungslos. Und die Wachen
wissen von niemand nichts mehr.

Überlegungen

Ein hängendes Seil sieht man aufmerksam an.
Auch an Messer denken, ist gut;
und man unterläßt, was man tun kann.
Es ist schön, wenn man gar nichts tut.
Man merkt doch nichts von der Liebesreise.
Die Oberlippe ist vom Haarflaum bedeckt,
das geknotete Seil bleibt gut versteckt.
Man merkt nichts. Man entfernt sich nur leise,
prüft dieses und das; und physisch ist man
noch da, mit trockenem Mund, und leckt
sich den Stoppelbart, überlegt Tod, glaubt sich weise.

Was es gab

Es gab Gerechtigkeit
und Leibesübung,
auch Turnen, und die Zeit,
ohne Trübung.

Es gab das Sittliche.
Ein Fräulein ging vorüber:
das Unerbittliche
als Nasenstüber.

Es gab noch andres und
das Mißverständnis Liebe,
den schnell bereiten Mund,
die feinen Seelendiebe,

gab Wahrheit, gab Verrat
in aller Freundlichkeit,
die Republik, den Staat.
Weiter verstrich die Zeit.

Es gab sogar Erkennen.
Das macht es jedem schwer.
Beim bloßen Namennennen
gefällt uns keiner mehr.

Bedenk es

Wolken schwebten wie Watte.
Es war nicht Chemie.
Einer sah Eine nie,
weil er zu lieb sie hatte.

Das ist der richtige Ton
für eine Liebesgeschichte.
Denn, bitte, wer mag es schon,
daß alles einfach verläuft
und, von Liebe überhäuft,
sie in sich selbst ersäuft.

Aber hier sah man sich nie
und schrieb sich (auch) kein Wort
und die traurige Melodie
setzt sich fort.

Und Königskinder, die gab es
in Märchen, aber nicht hier.
Er liebte das Nichtsehn an ihr.
Bedenk es. Begrab es.

Sag es so sanft wie möglich

I

Da bleiben die Tassen im Schrank.
Oder waren gar keine drin?
Du sagst nicht mal Gottseidank –
das hat doch keinen Sinn

oder so ähnlich. Du gehst
einfach, als wäre nichts los.
Kannitverstan: du verstehst
genug und redest nicht groß.

Abhaun wär schon zuviel
gesagt. Das alles geht leiser,
ohne Weh und Geschrei:
das macht nur heiser.

II

Im Bett zu zwein oder drein:
Das war wohl süßer Schein.
Du machst es jetzt allein.
So im Vorübergehn.

Ob von hinten oder von vorn:
du legst dir nichts mehr zurecht.
Da kommt schon gar kein Zorn –
das war ein Vorübergehn.

Also gut, es gab den Herrn Gatten,
die Gattin schon lange nicht mehr.
Bitte sehr –

die sich umschlungen hatten:
das war im Vorübergehn.

III

Versteh doch, mein Kind, versteh –
dies ist kein Kinderlied.
Es tut schon nicht mehr weh,
da es umsonst geschieht,
daß ich nur einfach geh.

Wer wiederkommt,
der war inzwischen tot,
so tot, wie es sich frommt,
denn nichts blieb im Lot.

Versteh das Lied, versteh
es am Ende besser nicht –
da endet etwas schlicht,
wenn ich vorübergeh.

Leben

Für Siegfried Unseld

Zwischen lieben und nicht mehr lieben
fällt Asche aus der Luft.
Nicht als Schatten hält sich, als Duft,
wer lange fortgeblieben.

Wer nicht mehr wiederkehrt,
verliert sich von Nacht zu Nacht.
Was bitter oder was süß macht,
wurde vom Leben verzehrt.

Das Glück

Es ist das eigene Leben,
das fällt in den Körper zurück,
und das andere daneben
ist das eigne und anderes Glück.
Durch den Körper ging dieses Beben.
Das liegt wohl lange zurück.
Wir geben uns auf
Stück um Stück.
Wer spricht da von Leben und Glück?

Wir haben gut geheißen

Wir haben gut geheißen.
Wir gehn, die Mäntel holen.
Abschied und An-sich-Reißen.
Wir gehn auf leichten Sohlen.

In Angeln drehn die Türen.
Wir haben es getan.
Laß dich im Dunkel führen.
Ich sage: sieh mich an.

Und was wir haben wollen:
wir tun uns an. Und ich
bin so wie du verschollen
und sag: verzehre mich.

Fortgehn

Weiter und immer weiter –
das Fortgehn dauert lange.
Du warest nie bereiter,
zu zögern. Uns war bange.

Kälter und immer kälter,
der Horizont: er dehnt sich.
Ich bleibe, werde älter.
Das Alter aber sehnt sich

hinüber und hinüber.
Es nimmt die andre Richtung
und lächelt nicht darüber,
nennt es am Ende Dichtung.

Was blieb zurück?

Ein Band von Vögeln war der Herbst,
das weiter nach Ägypten zog.
Die Dunkelheit wächst wie die Wand
durchs Zimmer. Sie nimmt überhand.

Man raucht. Man schweigt.
Und läßt den Rauch vorüberziehn.
Das Jahr verschwindet, Bild um Bild.
Das Jahr verbrennt. Aus dem Kamin

steigt es noch einmal in die Luft.
Der Rest ist raschelndes Papier.
Was blieb zurück? Ein Fußabdruck,
ein Lachen, eine Spur von dir.

Nachtgedanken

Insekten bei Nacht. Gedanken
kommen so,
summen mit einem kranken
Ton im Ohr.

Es summt die Logik. Zikaden
sind überall.
Du denkst, erleidest Schaden
in deinem Kopf.

Moskitos um eine Kerze.
Du spürst den Stich,
und in Gedanken merze
nie deine Zweifel aus.

Vermessen

Du besitzst Information,
hast Photographien, Adressen.
Du weißt genau Bescheid
– aber was sagt das schon? –
und niemand tut dir leid.

Du weißt, wie die Vögel fliegen.
Du kennst den eigenen Wert:
Was einer dem andern beschert,
kannst du mit Händen wiegen!
Wer ging, ist umgekehrt.
Du weißt genau Bescheid,
kennst Namen und Adressen,
Gott und die Welt, vermessen,
wiegt eine Kleinigkeit.

Totes Insekt

Mit Fingern fortgewischt: totes Insekt,
in einem Haus, in dem es heimlich brennt
und Asche glüht, von Asche angesteckt:
Tod kommt als Katze, die sich sauber leckt
und jeder Schritt in sein Verderben rennt,
wo Liebe tot ist, eh man sie erkennt,
und fortwischt, was man Leben nennt.

Die Ordnung der Dinge

Die Ordnung der Dinge: es gab sie.
Es ist heiß nun. Dein Hemd ist durchnäßt.
Tu es fort. Du überläßt
dich mir, und es kämmt

der Wind uns, der auch nicht kühlt
in der Dämmerung, in der Nacht,
die uns überfällt, die uns blind macht
und in der man nichts fühlt

als Gewalt und Handgelenke,
die man pressen kann. Komm, verschränke
blindlings die Arme im Nacken.

Reiß die Augen auf oder senke
sie im Dunkel. Man sieht nichts. Ich denke
nichts mehr, deinen Atem im Nacken.

In der Landschaft

Du pflückst wilde Blumen. Du bist in der Landschaft, die
den Duft von Melone hat oder von deiner Haut.
Du liegst da. Du erwartest mich. Ohne Laut
bist du schön. Du summst eine Melodie

ohne Text und Sinn, und ich sehe dir zu, wie
dein Körper sich dehnt, wie du dich wälzt im Kraut.
Gefühl kommt auf. Man mißtraut
ihm oder mißtraut ihm nie

mehr. Das Fleisch der Melone, zerschnitten,
ist wie ein offener Körper, inmitten
von diesen wilden Blumen: ihrem Duft

nach Haut und Umarmung, nach allen
Früchten, die langsam aus Bäumen fallen
beim Geräusch von unseren ruhigen Schritten.

Augenblick mit Nacht

Das Dunkel fällt in Schlaf. Wir wachen auf,
gleichzeitig, und zu gleicher Zeit
sehn wir uns an. Wir merken, daß es schneit,
und früher Winter ist im Jahreslauf.

Wir frieren und wir trinken Whisky drauf.
Schwindlig von Alkohol, sind wir jetzt klar
im Kopf und sagen uns: da war
doch Liebe zwischen uns. In Kauf

nehmen wir, daß es der Liebesumgang eilig hat.
Wir waren kühl. Wir glühten: tausend Watt:
im Wechsel war es so. Wir taten,

was gefiel und was wir beide ganz
verstanden: Keiner kann's
verstehn. Es war uns nicht zu raten.

Das Licht aus fremden Augen

Das Licht in ihren Augen kommt von einem Andern,
der sie mit seinen Augen lange angeschaut.
Es ist geborgtes Licht, das sich getraut
unruhig mit den Blicken hin und her zu wandern.

Das macht sie schön und leicht. Mit ihren feuchten
Blicken, die auf den Gegenständen sehnsüchtig ruhn,
weckt sie bei andern Sehnsucht, und es tun
sich fremde Räume auf bei diesem Leuchten.

Es ist die andre Welt, die ungeborgte,
die man ihr glaubt, wenn sie sich so versorgte
mit Glanz, der aus den fremden Augen kam.

Der offne Raum: man sieht sein Ende nicht.
Man sieht nur dieses offene Gesicht,
das Licht, das kommt und bleibt, ganz ohne Scham.

Die goldene Wolke

In goldner Wolke – sieh, der Intellekt
oder ein andres Wort Latein versteckt
die Liebenden in der Mythologie.

Am liebsten ließe man im Konjunktiv
auf sich beruhen, was wie Liebe lief:
entrückt, als Möglichkeit. Doch denkt man nie,

daß, was in jener Wolke rasch verschwindet,
vergoldet zwar, plötzlich direkter ist,
und Intellekt und Mythos nur als List
dienen für etwas, das zusammenfindet

sich mit Haut und Haar und liebt
besessen ohne alles Denken, ohne
Besinnung auch. Darum verschone

die Liebenden, die es doch wirklich gibt.
Laß ihnen Obsession und laß zum Lohne
die Möglichkeit, daß man in Wolken wohne.

Blut im Schuh

Ich wehre mich nicht mehr. Ich sehe zu:
ein Spinnennetz, ein weißer Vorhang weht
im Zimmer und ein fremder Atem geht,
und wie im Märchen sieht man Blut im Schuh.

Es jagen Fliegen sich ums heiße Licht
der nackten Glühbirne und es entsteht
ein Rascheln, das sofort im Ohr vergeht.
Ich sehe hin und spüre mein Gewicht

nicht mehr. Es bleibt im Nu
nur Staub zurück auf fremden Gegenständen
und in der Luft die Spur von andern Händen.
Was ist mit uns? Warum ist Blut im Schuh?

Das Rauschen im Blut

Die Pendeluhr, zu alt an der Tapetenwand,
ist angehalten. Die Zeit: sie ruht,
steht still. Alles bleibt unerkannt
wie ein vorsklerotisches Rauschen im Blut.

Es ist ein Summen und es ist nicht gut.
Man sieht das Pendel und man ist gebannt
und schweigt. Nur langsam faßt man schließlich Mut
und sagt: ich bin in einem andern Land,

in das ich nicht gehöre und in das
ich nicht zurück will, denn ich laß
mich auf das, was tödlich ist, nicht ein.

Brieftauben kehren um. Wie immer ist
die Wahrheit schmal. Wie leicht man sie vergißt!
Ich hör im Blut das Rauschen wohl allein.

Die Worte sind nicht schamlos

Die Worte sind nicht schamlos, wenn du sie
im Munde führst. Und wer sie ruhig spricht
wie du, der überhört sie nicht
in ihrer Freiheit und in ihrer Melodie.

Nicht diese oder jene Worte. Nie
standen sie dir besser zu Gesicht,
wenn du sie sagtest und ihr Wortgewicht
verlor sich, wurde leicht, und wie

du von der Liebe und vom Fortgehn denkst,
von Wiederkehr und wie du wieder drängst
und einfach fortgehst: das ist schön.

Die Scham weiß nichts von sich und schamlos ist
nur Sanftmut, die mit List und Hinterlist
das Wort verführt in schwindelhafte Höh'n.

Asche

Vergessene Liebespaare
unter den Bäumen scherzen.
Sie gehn als Tote spazieren.
Die eingeäscherten Herzen

von einst versuchen zu schlagen.
Es kommen vergeßne Gefühle
des Wegs und frieren vor Kühle
der Nacht, ganz ohne Behagen.

Sie haben sich nichts zu sagen
und können es nicht fassen.
Sie bleiben sich selbst überlassen
wie Herzen und leere Stühle.

Singen über dem Wasser

Ein Singen über dem Wasser, wenn drüben
die Dämmerung kommt und Nacht wird, mit Schüben
Traurigkeit: da muß man wohl singen,

um sich wach zu halten im Trüben.
Denn im Singen kann man üben,
sich auf andre Gedanken zu bringen.

Oder wie soll man es nennen?
Denn das Wasser: es steigt und steigt so
vor ihren Augen, die brennen.
Man singt und man glaubt sich leicht so.

Und die Täuschung, das heißt: im Dunkeln
in geöffneten Fenstern stehn
übers Wasser oder in Augen sehn,
wie in ein Zündholzfunkeln.

Herbstverhalten

Die letzten Vogelscheuchen zogen fort.
Ich will den alten, warmen Anzug bürsten,
eh mich das Frieren überkommt. Der Ort
wird deutlich kalt. Bei heißen Würsten

ist Zuflucht und nach einem klaren,
scharfen Getränk tät es mich dürsten.
Der Ostwind zerrt an meinen Stoppelhaaren
und stürzt das Denkmal eines Landesfürsten

aus alter Zeit gefühllos um.
Ich sehe zu, reib' mir die Augen dumm.
Das andere Jahrhundert: Vogelscheuchen-

wert hat alles Abgetane.
Das Schicksal einer alten Wetterfahne
bewegt mich wie der Liebe letztes Keuchen.

Stilleben mit Herbst

Die Obstbaumleiter steigt zum Himmel
beim Apfel- und beim Birnensturz.
Wie Honig fließt das Laub im Lichte.
Der Überfluß an Farben: kurz

ist er, und nur die bunten Schatten
leben still, beginnen lang
zu fallen und das schnelle Atmen
der Liebe hält im Überschwang

erschrocken ein. Nicht zu benennen
ist Unbehagen, Wohlgefühl.
Die warme Hand wird plötzlich kühl.
Man schweigt. Es gibt nichts zu bekennen.

Tod als Schneemann

Wenn der schöne Schnee fällt, steigt das Fieber
mit der langen Angst mir in den Kopf,
und ich dreh an meinem Mantelknopf,
denn der Schneefall wird mir immer lieber.

Und ich werde eingeschneit und werde
als ein sanfter Schneemann angestaunt.
Wer vorbeikommt, grüßt mich gutgelaunt,
denkt sich ein Gespenst aus weißer Erde.

Ausgestopft mit Schnee, beginnt erst richtig
Dasein. Fröhlichkeit wird wichtig
einem endlich sichren Ende zu.

Ruhig werde ich in Nichts zerfließen.
Lieber Regen wird den Tod genießen,
und die lange Angst verging im Nu.

Die weiße Wand

Du mußt mir nicht mehr glauben. Du mußt nicht
vertraulich sein. Denn meine Augen sahn
und sehen hinter dir die weiße Wand, den Wahn.
Sie sehn dir ruhig ins Gesicht.

Das muß für alles gelten, was ich,
wenn ich dich anseh, tue, unterlasse
und wie ich diese weiße Wand spüre, dich umfasse.
Ich komm dir nah, ich laß

dich leise los auf eine sonderbare
Art und Weise, ich streich dir durch die Haare
und hab dabei das Andere, den Wahn?

Du wunderbare weiße Wand! Sie ist
verdunkelt von dem Schatten, der du bist
für meine Augen, die zu nah dich sahn.

Umgang

Du merkst die Folter nicht. Du spürst sie doch:
Worte wie Eis bis in die Fingerspitzen.
Man schweigt danach. Wehrlos hast du im Sitzen,
eine Pistolenmündung vor dir, ein metall'nes Loch.

Man sagt dir: Hunger sei der beste Koch.
Und bietet Wohlgerüche dir durch Ritzen
als Nahrung oder läßt das Flutlicht blitzen.
Du blinzelst. Um dich hörst du noch

obszönes Flüstern, das dem Schmerze gilt.
Du siehst als Puppe dich im Abziehbild.
Der Polaroidfilm ist so sanft zu dir,

so lautlos, wie die Wortwahl, die dich quält,
die leise Drohung, die den Puls dir zählt:
Antworte endlich und gestehe mir.

Freier Fall

Logik ist einfach, fast wie Symmetrie.
Ganz anders ist es, wenn du Blumen hauchst
ans kalte Fenster oder wenn du etwas brauchst
wie Wunder. Du bekommst es nie.

Es ist wie Fehlen einer Melodie
in einem Lied, in dem du untertauchst.
Die Fensterblumen blühen, und du rauchst
jetzt Stoff als Wunder: Phantasie

ist schön und du bist ohne Vorbehalt
ihr gegenüber. Dir wird kalt.
Mit einem Mal fühlst du nun überall

die kalte Fremde auf der eignen Haut
bis in die Poren und du ahnst, wie lautlos etwas fehlt. Du spürst den freien Fall.

Täglich

Es bleibt ganz still. Die Fliege summt so schön
im leeren Zimmer, sitzt auf meiner Hand.
Sie wird mir in der Stille so bekannt
wie alles, was ich mag. Draußen der Föhn

kommt als Sturm in den Kopf, und sein Gestöhn
im Holz der Bäume wirbelt Laub und Sand
als Wolke in die Luft, und allerhand
geschieht. – Komm, und verwöhn

wie das Insekt die Hand, laß zu,
daß ich den Worten trauen kann, die du
mir ernsthaft sagst: du bist zu jung.

Weißt du: es braucht fast nichts geschehn.
Es ist nur dies Gefühl, täglich zu gehn
den alten Weg zur Hinrichtung.

Inhalt

Von Karl Krolow
erschienen im Suhrkamp Verlag

Fremde Körper. Neue Gedichte
1959. *Bibliothek Suhrkamp 52*

Unsichtbare Hände. Gedichte 1959-1962
1962

Ausgewählte Gedichte
Nachwort von Hugo Friedrich
1963. *edition suhrkamp 24*

Schattengefecht
1964. *edition suhrkamp 78*

Gesammelte Gedichte I
1965

Landschaften für mich. Neue Gedichte
1966. *edition suhrkamp 146*

Poetisches Tagebuch
1966

Alltägliche Gedichte
1968. *Bibliothek Suhrkamp 219*

Minuten-Aufzeichnungen. Prosa
1968

Nichts weiter als Leben
Gedichte aus den Jahren 1968-1970
1970. *Bibliothek Suhrkamp 262*

Zeitvergehen. Gedichte
1972

Ein Gedicht entsteht
Selbstdeutungen, Interpretationen, Aufsätze
1973. *suhrkamp taschenbuch 95*

Gesammelte Gedichte II
1975

Der Einfachheit halber. Gedichte
1977

Das andere Leben. Eine Erzählung
1979

Gedichte
Auswahl und Nachwort von Gabriele Wohmann
1980. *Bibliothek Suhrkamp 672*

Im Gehen
1981

Herbstsonett mit Hegel
Gedichte, Lieder etc.
1981

Zwischen Null und Unendlich
Gedichte. 1982

Karl Krolow. Ein Lesebuch
Ausgewählt und mit einem Nachwort
von Walter Helmut Fritz
1975

Karl Krolow liest aus seinen Gedichten
Schallplatte. 1975

Über Karl Krolow
Herausgegeben von Walter Helmut Fritz
1972. *edition suhrkamp 527*

6465059